EMPREENDEDORISMO ESTRATÉGICO E INOVAÇÃO.

Percepções sobre casos luso-brasileiros.

Ricardo Pimentel

EMPREENDEDORISMO ESTRATÉGICO E INOVAÇÃO.

Percepções sobre casos luso-brasileiros.

Ricardo Pimentel

1ª Edição.

"Se um homem começar com certezas, ele deverá terminar em dúvidas;

mas se ele se satisfizer em começar com dúvidas, ele deverá terminar em certezas".

Sir Francis Bacon.

SOBRE O AUTOR

Antônio Ricardo Pimentel de Oliveira, engenheiro de petróleo, trabalhou 37 anos na Petrobras. Atuou em várias áreas, como a exploração e produção e o refino, com passagem pelo planejamento estratégico da empresa onde lidou com projetos "fora da caixa" que lhe permitiu contato estreito com o ambiente institucional e empresarial externo na perspectiva do desenvolvimento socioeconômico regional, industrial e logístico, temas esses que foram abordados e aprofundados nas suas pesquisas de mestrado e doutorado com foco na ciência, tecnologia e inovação.

ÍNDICE

PREFÁCIO

Tecnologia e globalização se conjugam para reconfigurar o mundo em que vivemos.

Mas será tal conjugação de fato um fenômeno social e global, verdadeiro?

Há ainda, e isso todos nós sabemos, intensos contrastes quanto ao progresso social e tecnológico entre as nações. Muitas vozes, hoje, ecoam a necessidade de agirmos como cidadãos de um mundo novo e MULTIPOLAR onde a utopia talvez possível seja aquela de compartilharmos o progresso e a prosperidade entre todos nós.

As inovações têm sido promotoras de integração global. Mas, por vezes, elas também distanciam intensamente os países mais desenvolvidos daqueles que avançaram pouco no seu desenvolvimento tecnológico e industrial.

Inovações, essencialmente, são os resultados de processos interativos de aprendizagem e do decorrente acúmulo de conhecimento, podendo então resultar em novos processos ou novos produtos etc.

A variedade na forma, intensidade e qualificação tecnológica que esse processo de aprendizado interativo manifesta em cada contexto local é influenciada pela, e influi na, trajetória de cada sociedade e suas respectivas características históricas e culturais.

Há muitas especificidades presentes no fenômeno do desenvolvimento técnico, social e econômico em cada contexto regional e local nos diversos países.

Observando esse binômio entre a tecnologia e globalização segundo a ótica regional e geográfica cabe se analisar sua importância e papel na realização dos propósitos explicitados pela ONU referentes aos 17 objetivos do desenvolvimento sustentado.

Qual o papel caberia à inovação em tal empreitada global de cunho socioeconômico e ambiental?

A questão aqui essencial talvez esteja mais afeita à possibilidade, ou não, de cooperação e solidariedade entre povos do que a cooperação científica, tecnológica e industrial, pois esta, de certo modo, já se faz presente em alianças e coalizões políticas e empresariais na arena da competição econômica e geopolítica.

Nos fenômenos coletivos, suas motivações e manifestações parecem mais fáceis de observar do que de elas serem direcionadas e controladas.

Numa visão talvez utópica, uma hipótese a assumir é que a inovação enviese sua aplicação e sua utilidade para ao menos mitigar e, idealmente, aprimorar as condições locais tanto urbanas quanto rurais de regiões do planeta que tecnológica e industrialmente ainda são, ou estão, retardatárias.

A visualização de um mundo de conduta social "multipolar" onde o progresso de todos seria a intenção e ação também de todos nos traz à mente um novo paradigma de abordagem multinacional e multicultural que é socialmente estimulante.

Em função dos avanços científicos e tecnológicos já alcançados por certas nações, o potencial que a inovação nos oferece para realizarmos transformações positivas em prol da sociedade humana em sua totalidade parece ser muito elevado.

A inovação tem diferentes facetas e cada um de nós no seu nível pessoal de "pilotagem" a vive de modo bem específico.

No meu caso em particular, devido à minha jornada de quase quatro décadas no setor petrolífero brasileiro, percebi um conjunto de sucintas lições sobre a inovação. A trajetória do "petróleo" no Brasil me fez perceber que superação e conquistas são localmente possíveis, embora que ainda se apresentem com níveis remanescentes de imperfeições institucionais.

Regionalizar o desenvolvimento é aspiração quase que implícita nas lideranças positivas de cada aglomerado humano. Aqueles políticos, legisladores, juristas, empresários, empreendedores, educadores, gestores públicos, privados, profissionais das diversificadas profissões, as cidadãs e cidadãos em geral que têm em si latente o viés do empreendedorismo estratégico, dificilmente estarão insensíveis às problemáticas socioeconômicas ao seu redor. São todos eles, e elas, portanto, nos seus respectivos níveis de pilotagem institucional, agentes das desejadas transformações direcionadas ao progresso local e regional.

Dois importantes aspectos competitivos merecem ser observados nessas pretensões ao progresso.

Há o condicionante representado pelo grau de integração da economia mundial. Empresas novas, ou antigas, reconfiguradas, que são locais, para adentrarem certos setores chave, encontram significativas dificuldades, desafios e barreiras à essa entrada. Entender, portanto, como opera esse processo competitivo globalizado se faz necessário.

Como estamos a visualizar desenvolvimentos regionais qualificados com potencial de inserção nos mercados nacionais e internacionais, o domínio tecnológico, a gestão criativa, competente, e a inovação, configuram o outro aspecto competitivo a estar presente nas iniciativas locais a serem deflagradas. Como antes mencionado, temos nossos níveis individuais de pilotagem para inovar, porém empreender a regionalização do desenvolvimento é uma obra coletiva.

O presente texto está dedicado a um tripé de temas interrelacionados. Essa triangulação de temas busca ir ao encontro de condutas e abordagens voltadas a um futuro de viés multipolar.

O empreendedorismo estratégico constitui, nisso, o primeiro vértice desse triângulo. O segundo vértice, este se refere à inovação em si, mais especificamente, à inovação sistêmica. Ao convergir o 1º e o 2º vértices ao propósito da evolução dos nossos contextos técnicos e culturais, chegamos ao 3º vértice, que é o da regionalização do desenvolvimento.

A vida nos apresenta etapas de renovação, e felizmente elas ocorrem. Isso é estimulante para os nossos processos criativos.

Por vezes essa renovação é de cunho mais pessoal do que coletivo. Por exemplo, ao mudarmos de ambiente, contexto etc., mudam também nossas percepções.

Estar exposto a novas formas de perceber e de fazer, e viver, insere possibilidades de aprendizado interativo e, provavelmente, nos leva a inovar.

Os *"insights"* e percepções decorrentes de estar a viver num espaço urbano e cultural distinto do que me era o usual, com as influências culturais e históricas lisboetas, caracterizam a abordagem que "tempera" a presente edição.

Ricardo Pimentel
Lisboa, março de 2023.

CAPÍTULO-01
CIÊNCIA E TECNOLOGIA.

Desde os anos da Revolução Industrial os conhecimentos científicos e as inovações tecnológicas assumiram uma velocidade de desenvolvimento e criação sem precedentes na história da civilização. Devido aos avanços já realizados diz-se que a humanidade, hoje, encontra-se no limiar de uma nova era que se caracteriza por uma sociedade regida pela aplicação intensiva do conhecimento, em especial aquele de natureza científica e tecnológica.

De fato, o desenvolvimento científico e tecnológico demanda que os países e suas empresas façam contínuos e crescentes investimentos de caráter estratégico. Os países industrialmente desenvolvidos galgaram estabelecer uma infraestrutura laboratorial e uma base humana de competências que os fazem mais competitivos e não facilmente alcançáveis pelo bloco dos países de industrialização tardia. Podemos verificar que no hemisfério norte concentra-se a maioria das nações líderes do mercado global. Estes países possuem empresas de base tecnológica que atuam de forma transnacional. Elas produzem mercadorias de alto valor agregado e, consequentemente, são muito bem remuneradas. Isto desequilibra a seu favor o fluxo mundial de rentabilidade e lucros no comércio global.

No hemisfério sul predominam os países que são atores de pouca expressão no comércio internacional. Por faltar a estes países as competências tecnológicas vitais e a infraestrutura e conhecimentos científicos necessários, vendem produtos de baixo valor agregado, em geral na forma de *"commodities"*. Despendem seus parcos recursos financeiros remunerando as mercadorias de base tecnológica que adquirem dos países industrialmente avançados. Isto impede que acumulem o precioso capital que lhes permitiria diminuir a distância que os separa dos principais líderes do mercado global.

Daí decorrem questões cada vez mais frequentes referentes às alternativas que empresas e países dispõem para promover o crescimento contínuo e sustentado de seus negócios nos vários setores econômicos e industriais. E seja qual for o caso o qual focalizamos, ele terá suas especificidades. Assegurar a sobrevivência num ambiente cada vez mais competitivo e intensivo em tecnologias e capitais é um desafio para todos. Mas, em especial, este é maior para os países ainda em desenvolvimento.

Na busca da competitividade empresarial a possibilidade de adotar formas ótimas de aproveitamento de oportunidades e de mobilizar os recursos humanos e materiais disponíveis, visando maiores e melhores ganhos, representam pontos chave a serem perseguidos.

Assim sendo, percebe-se, no cenário mundial, novas e variadas tendências nessas últimas décadas quanto aos esquemas de produção e comercialização praticados no mundo industrial. São tendências voltadas para as fusões e aquisições e, também, para a estruturação de alianças estratégicas. Novas tendências também se manifestam para o desenvolvimento de atividades científicas e tecnológicas.

Seguindo estas transformações, órgãos de governo, empresas, e as instituições científicas e acadêmicas passaram a realizar pesquisas em conjunto, de forma cooperativa, e criar os chamados centros virtuais, coalizões e centros de excelência para fortalecimento e sustentação de suas alianças.

CAPÍTULO-02

CAUSAS, OU EFEITOS?

Nesse segundo capítulo faremos um exercício dialético. Este inicia com uma pergunta. Seriam os seguintes cinco tópicos adequadamente interpretados como sendo as "causas" do processo de desenvolvimento econômico e social de um país? São eles: (1) a agregação de valor aos produtos, processos e serviços; (2) a geração da renda; (3) o ágil crescimento; (4) a liderança em tecnologia e em inovação até 2020, 2030 ou 2040 etc., que caracteristicamente consta no planejamento de países ou regiões como EUA,

China, Alemanha, Japão etc.; e (5), o acúmulo de riquezas.

Ou a interpretação adequada seria outra, ou seja, a de que todos esses cinco tópicos acima apontam para os "efeitos" do desenvolvimento, e não para suas "causas"?

Consideremos a seguinte hipótese. Para atingir tais efeitos, o essencial não seria, ou historicamente não foi, em nenhum dos casos de países e regiões mencionados, criar universidades, departamentos ou áreas organizacionais de governo. O essencial seria, ou naqueles casos, o foi, criar empresas para se ocuparem da produção e comercialização dos bens e serviços que atraiam, ou atraíram, o acúmulo de capital então pretendido.

EUA, China, Alemanha, Japão e alguns outros países europeus e asiáticos exercem relativa liderança tecnológica e econômica no cenário mundial. Se a educação e a infraestrutura estavam previamente na preocupação dos líderes e governantes desses países, isso precisaria ser averiguado em profundidade em suas respectivas trajetórias. Se universidades e áreas de governo então existentes ou posteriormente criadas auxiliaram no desempenho e êxitos das firmas nacionais nos seus diversos setores de atuação, e é provável que sim, esse é outro aspecto que pode ser verificado em cada um dos casos dos países citados.

Firmas podem ser criadas num determinado país. Podem ser criadas no Brasil, por exemplo, para gerar esses cinco efeitos. Elas poderão nisso obter sucesso ou elas, ao contrário, poderão falhar. Mas se elas, as firmas, não forem criadas, nada de economicamente efetivo ocorrerá, e não ocorrerá nem sequer a experiência e o aprendizado do fracasso.

As firmas são parte central da presença nacional em cada tipo de negócio, pois elas são os agentes econômicos integralmente ocupados naquela atividade e elas visam disso extrair lucro.

Portanto, com a existência efetiva das firmas, o conceito da competitividade local ou global a elas aplicado então necessitará do concomitante domínio tecnológico em cada área que o país optou por se ocupar para tornar suas firmas competitivas e capazes de sobreviver, crescer e evoluir.

O conceito útil de desenvolvimento tecnológico estará diretamente associado então ao esforço intelectual aplicado à efetiva produção em setores dinâmicos como o de eletrônicos, máquinas e equipamentos, químico etc.

Por melhor que seja a produção de um país em móveis, vergalhões e itens de valor semelhante, embora isso possa trazer empregos, renda e certa fortuna para seus proprietários, isso não será suficiente para mudar o patamar de riqueza e poder desse país no cenário global.

Os vinhos portugueses, espanhóis e argentinos continuam a ser excelentes, mas não me recordo de ter bebido até hoje nenhum vinho japonês ou coreano ou de comprar televisões espanholas e argentinas. Ou seja, qual o nível de complexidade tecnológica dos setores e produtos que as firmas nacionais estão a se dedicar?

O exemplo português recente indica promissor caminho de transformação ao estabelecer um ambiente propício para atração de negócios e criação de "*startups*". Há esforços institucionais semelhantes em curso na Espanha, Brasil, Argentina etc.

Mas como esses esforços ibero-americanos estão sendo conjugados com a criação de firmas de base tecnológica voltadas à exportação e apoiadas diretamente com recursos públicos e privados?

Eventualmente esse domínio tecnológico passa, quando possível, pela aquisição de firmas já prontas e maduras, firmas em geral estrangeiras visando conquistar posições multinacionais nos seus respectivos países ou, eventualmente, até mesmo firmas nacionais ora existentes visando consolidar liderança em mercados locais.

Isso aconteceu, por exemplo, no setor para-petrolífero brasileiro décadas atrás. Muitas firmas brasileiras criadas nesse setor em decorrência da estratégia e políticas de substituição de importações acabaram sendo, posteriormente, adquiridas por multinacionais estrangeiras. Estas, em geral por serem pioneiras nessas tecnologias, já atuavam em diversos segmentos para-petrolíferos mundiais. Com tais aquisições elas neutralizam os riscos de novos entrantes.

Apoiar as firmas com alianças na forma de parcerias com universidades, financiando certas pesquisas científicas e desenvolvimentos tecnológicos de interesse empresarial, poderá provavelmente fortalecer as bases de conhecimento de tais firmas. Desenvolver nessas firmas pesquisas, internamente, e promover em seu próprio seio uma cultura organizacional favorável à inovação na sua engenharia, logística e gestão, provavelmente também aumentará sua possibilidade de sucesso na competição pelos mercados.

Entretanto, não parece ser prudente afirmar que apenas isso garantiria o seu sucesso ou a sua sobrevivência ou o seu crescimento. Cada caso de trajetória empresarial terá seus próprios e complexos desafios, alguns deles com fatores institucionais, políticos e geopolíticos relevantes, próprios dos seus respectivos contextos de atuação.

O importante para obter aderência à ideia de desenvolvimento nacional é de fato estar presente com firmas nos mercados ou ao menos tentando neles penetrar, se igualando e, se possível, superando os concorrentes.

Tal raciocínio é válido para uma infinidade de negócios nos setores com grande potencial de ganhos econômicos e que são, ao mesmo tempo, estratégicos para o país. Podemos citar o eletroeletrônico, metalúrgico, mecânico, fármacos, químico, software, equipamentos hospitalares, equipamentos para petróleo e gás, automobilístico, ferroviário, aeronáutico, espacial, naval, assim como os setores de máquinas ferramenta, instrumentação industrial, instrumentação científica, armamentos etc.

CAPÍTULO-03

PELÉ E A MAESTRIA.

Joguei muito futebol de mesa na adolescência, e até mesmo, já quando adulto, usando botões de jornaleiro. Havia dois destes botões com a imagem do PELÉ, um, ele com o uniforme do Santos, e o outro, vestido com o da Seleção Brasileira.

Na recente "despedida" desse inesquecível e agora saudoso ícone do futebol brasileiro e mundial, sua vida e trajetória induz muitos pensamentos, e alguma reflexão sobre o significado da "maestria".

Difícil explicar por que dentre tantos garotos amantes da prática do futebol, o nosso Pelé, em particular, era tão hábil e inteligente com a bola. Outros "craques da pelota" existiram, e outros hoje levam muitos torcedores aos estádios, que lá vão à busca do espetáculo de arte e vitalidade na disputa pela vitória.

Aquilo que esse garoto, depois jovem atleta e, enfim, pleno jogador, fez nos estádios de futebol é testemunho e referência de que maestria e realizações estão latentes em todas regiões e sociedades, mesmo naquelas eventualmente retardatárias em quaisquer aspectos, sejam socioeconômicos ou tecnológicos.

Um colega petroleiro que certa época comandou por algum tempo a refinaria da Bahia, resumiu de modo perspicaz a atitude desse nosso ídolo dentro de campo, "Pelé tinha foco no que interessava, e interessa, no futebol. O GOL! Seja para ele marcar ou para fazer uma assistência!"

Há PELÉS na engenharia, economia, empreendedorismo e em funções institucionais, fazendo "Gols", ou com "Gols" ainda por fazer!

Nosso Pelé não era muito hábil na oratória. Não estamos a falar de perfeição absoluta, pois isso está além das possibilidades de cada um de nós. Ele era sim, mestre, mas o era no seu talento com a bola. Pelé nos inspira que, mesmo imperfeitos, cada qual com sua arte, e nas suas respectivas vidas e trajetórias, podemos aspirar por habilidades e vitórias, dignas deste Rei.

CAPÍTULO-04

O POETA E O PETRÓLEO, OUSAR, NA TERRA E NO MAR...

Olha, aí acima, o retrato do poeta Fernando Pessoa! Vale a pena ir à Bertrand, em Lisboa, a tradicional livraria no Chiado, apreciar este retrato, que é parte de um amplo painel, e tomar um bom café!

No capítulo anterior, abordando a maestria, não de um poeta, mas de um futebolista, nosso comentário foi sobre o "Pelé". Se este "calado", era um "poeta", já o Pessoa, escrevendo, "fazia Gols".

Uma jornada para certo propósito pode nos levar a resultado além do esperado. E o poeta português nos comunica isso, naquilo que escreveu sobre as façanhas marítimas do seu povo.

"E a nossa grande Raça partirá em busca de uma Índia nova, que não existe no espaço, em naus que serão construídas «daquilo de que os sonhos são feitos». E o seu verdadeiro e supremo destino, de que a obra dos navegadores foi o obscuro e carnal ante-arremedo, realizar-se-á divinamente."
(Fernando Pessoa)

Nesse destino, que partiu de feitos ousados desses navegadores, novas sociedades e culturas foram "forjadas", e o Brasil, e sua sociedade, está entre tais frutos.

Ora, e o que o petróleo tem a ver com isso? Brasil, o petróleo, e se lançar em "mares" não antes navegados, o que isso pode significar?

Até a década de 1950 os principais atores mundiais da indústria petrolífera eram as empresas *Royal Dutch Shell, Exxon, Texaco, Mobil, Chevron, Gulf, British Petroleum* e a *CFP (Compagnie Française de Pétrole)*.

Na época, poucos países possuíam e dominavam as tecnologias necessárias à produção e ao refino do petróleo. Esse era o caso do Brasil quando da instituição do monopólio estatal e da criação da PETROBRAS em 1953.

Inicialmente a PETROBRAS contratou do exterior parte expressiva da engenharia e da mão-de-obra especializadas que eram necessárias ao projeto, à construção, e à operação das suas primeiras instalações petrolíferas. Paulatinamente a mão-de-obra nacional assumiu as operações e praticou-se, desde o início desta nova indústria, uma política de aproveitamento das oportunidades acadêmicas existentes no País, mobilizando as escolas brasileiras de engenharia para capacitar graduandos e pós-graduandos nas diversas especialidades técnicas demandadas pelo setor. Posteriormente a empresa assumiu também uma política alinhada à percepção de que a pesquisa e o desenvolvimento tecnológico eram, como ainda hoje o são, fatores estratégicos-chave para o seu sucesso e crescimento empresarial.

Como nos assinala o poeta português, o verdadeiro e supremo destino de uma jornada, vai além das façanhas dos "marinheiros", "petroleiros" e "artilheiros", em si. Muitos são os "mares tecnológicos a desbravar", e "navegantes e naus" a neles se lançar: exemplos de indústrias estratégicas são muitos, como a dos microprocessadores etc.

Há que ousar, e nesses mares adentrar! E lembrar o alerta do poeta sobre os riscos de não agir.

"Os limos esverdeiam tua quilha. O vento embala-te sem te mover. E é para além do mar a ansiada Ilha". (Fernando Pessoa)

CAPÍTULO-05

MOBILIDADE URBANA E AS "CIDADES DE QUINZE MINUTOS".

Por décadas experimentei diferentes tipos de mobilidade no meu deslocamento, no ir e vir ao trabalho.

Em 2021 num "workshop" "on-line" sobre mobilidade urbana promovido pelo EIT-UM Portugal, relatei sobre isso, contei algumas das minhas experiências no Brasil.

Certamente, a mais curiosa delas, foi meu período como engenheiro de petróleo na Bacia de Campos...

Quando trabalhava no mar, o trajeto podia durar de 40 a 90 minutos, por helicóptero. Eram apenas duas viagens: o trajeto de ida para as sondas marítimas e, 15 ou 20 dias depois, o trajeto de retorno.

Nos meses em que eu trabalhava em terra, em Macaé-RJ, o trajeto diário de casa ao trabalho, e vice-versa, durava 15 minutos, a pé. Nem fazia sentido usar o carro, que era então usado apenas nas horas vagas e fins de semana.

Por desconhecer o conceito, eu não percebi que, naquela época, em Macaé, já vivíamos numa "Cidade - 15 Minutos". A dinâmica local, econômica e industrial, e as dimensões reduzidas da cidade, naturalmente geram esse efeito "15-minutos", como tempo máximo necessário para fazer ou obter qualquer coisa.

Anos depois, ao trabalhar na Sede da PETROBRAS, minha logística mudou radicalmente. Passei a morar numa cidade 90 minutos. Esse era o tempo de deslocamento, fosse ele de carro, ou realizado por ônibus conjugado com o catamarã ("ferry"). Ou seja, eram não menos que três horas diárias, necessárias nesse ir e vir, de muito tráfego, e frequentes engarrafamentos.

Lembro que pouco antes do início da pandemia, do COVID-19, houve discussões com nossas equipes de trabalho sobre a intenção de se reestruturar o design dos prédios, transformá-los em "coworking" e estabelecer alguns dias, por semana, para a prática do "home-office". Mas com a pandemia, trabalhar totalmente de casa, pela internet, foi a inevitável solução adotada, na prática! Assim, profissionalmente, passei a viver na "Cidade - 2 Minutos", tempo médio para ligar o computador, e fazer o "login".

No dia que redigi a primeira versão deste capítulo, novamente eu vivi a logística da "Cidade - 15 Minutos", mas de modo um pouco diferente. Fui trabalhar com meu "notebook" num café de Lisboa, em Santos. Ao finalizar, optei pelo retorno à casa num "Eléctrico", meio de transporte típico da cidade. Seu trajeto, 15 minutos de duração, e bastante divertido por sinal, pelas características lúdica e turística desse aconchegante bonde elétrico que, embora tenha um aspecto vintage, foi tecnologicamente modernizado.

CAPÍTULO-06

INOVAÇÃO TECNOLÓGICA E MOBILIDADE URBANA.

O que é a inovação tecnológica e para que ela serve, ou melhor, "nos serve", em termos da nossa mobilidade cotidiana nos ambientes urbanos em que vivemos?

A princípio, quando nossas mentes se voltam para o conceito de inovação tecnológica, visualizamos cientistas, inventores, engenheiros e técnicos como sendo eles os principais protagonistas, a empenhar seu tempo e sua energia na criação de novos dispositivos, aparatos, aplicativos digitais etc.

As inovações por eles eventualmente geradas podem ter diferentes níveis de sofisticação tecnológica. Mas o que talvez passe despercebido é que aqueles que adotam tais inovações, os usuários, são também protagonistas diretos e indiretos nesse processo de evolução.

O estímulo a tais desenvolvimentos reside em atender demandas, e nossa própria mobilidade urbana, como usuários, impulsiona esse esforço criativo, científico e técnico em ofertar soluções de transporte.

As qualificações individuais dos usuários importam significativamente nessa questão. Seus discernimentos, habilidades e atitudes influem na rapidez com que, como público-alvo de eventual inovação, eles se capacitam para efetivamente usar qualquer nova forma de melhor mobilidade urbana que lhes seja ofertada.

Esse tipo de fenômeno social é relevante, pois o "combo" de mobilidade urbana que adotamos, ou que podemos vir a adotar, traz transformações no nosso estilo de vida.

Mas na prática, num mesmo espaço urbano, compartilhado por um público amplo, pessoas vivem diversificadas experiências de mobilidade. Algumas moram distantes, a exemplo de quem utiliza os trens para chegar ao centro da cidade do Rio de Janeiro, ou automóveis e catamarãs, ou os comboios, para chegar ao centro de Lisboa.

Os estacionamentos lotam logo de manhã junto às estações das barcas e catamarãs, por exemplo em Niterói ("RJ") com os carros daqueles que trabalham do outro lado da Baía da Guanabara.

O mesmo ocorre nos estacionamentos junto ao Terminal Rodo Ferro Fluvial do Barreiro, na área metropolitana de Lisboa, com os veículos daqueles que trabalham do outro lado da Baía do Tejo.

Em termos simples, e diretos, se promover transporte público eficaz e a isso conjugar a aglomeração residencial próxima aos locais das atividades produtivas, são desafios essenciais ao foco da geração de inovações voltadas às transformações urbanas, eficazes, na nossa mobilidade.

Tudo isso aponta, entretanto, em considerar que a tecnologia, em si, é apenas parte do processo inovador, visto que as escolhas e iniciativas institucionais tendem a influir na abordagem, direção e intensidade dos esforços tecnológicos a serem realizados.

CAPÍTULO-07

SOBRE REVERTER OS IMPACTOS AMBIENTAIS.

Talvez profissionais que assim como eu trabalharam muitas décadas num cenário tecnológico de transição, do analógico para o digital, tenham certo viés para observar o ainda estratégico papel de soluções tradicionais de logística e engenharia.

Há certas questões essenciais hoje em foco, especialmente no que toca os impactos ambientais acumulados pelo estilo de vida que nossas sociedades vêm trilhando desde as revoluções industriais.

Pelo lado da produção, adotar padrões éticos voltados a reduzir a rápida e artificial obsolescência daquilo que consumimos parece ser estratégia eficaz na reversão do processo continuado de poluição.

Pelo lado logístico, fortalecer a política de utilização de modais de transporte de maior eficiência energética é outra estratégia com elevado potencial de mitigação das agressões que ainda impomos sobre nosso planeta.

Esta iniciativa de articulação institucional na França nos sinaliza o que de ações pragmáticas existe no cotidiano industrial e logístico de nossas cidades e regiões para reduzir tais impactos ambientais. Diante do desafio energético, dez líderes empresariais pedem o desenvolvimento do transporte fluvial.

As consequências das mudanças climáticas nos trazem o alerta, todos os dias, que é urgente encontrar soluções alternativas para mudar nossos métodos de produção, distribuição, transporte e consumo em direção a um maior desempenho ecológico e energético. Sendo a resiliência climática e o controle das nossas necessidades energéticas os maiores desafios da nossa sociedade, a utilização de transportes mais ecológicos o mais rapidamente possível está a tornar-se uma prioridade absoluta, especialmente para o setor industrial, cujas necessidades são imensas.

Nesse quadro de desafios, esses dez líderes empresariais defendem o desenvolvimento do transporte fluvial. Eles argumentam que o desenvolvimento do transporte fluvial poderia desobstruir o sistema rodoviário e limitar a poluição. Buscam eles então sinalizar que muitos canais já foram desenvolvidos na França, ou seja, há uma infraestrutura disponível para viabilizar tal propósito.

O transporte de mercadorias, conhecido principalmente pelos inconvenientes que pode causar (congestionamento, poluição, insegurança etc.), está, conscientemente ou não, no centro do cotidiano francês.

A redução dos impactos dos transportes é hoje uma grande preocupação da opinião pública, que cada vez mais manifesta a necessidade de implementar soluções que aliem economicidade e baixo impacto ambiental.

Assim, tal liderança esclarece diversos aspectos essenciais em favor desse seu posicionamento estratégico e logístico.

Esse modal, o fluvial, é energeticamente mais eficiente: requer em média quatro vezes menos energia do que o transporte rodoviário, e gera cinco vezes menos emissões de CO_2, e zero emissões de partículas finas.

É um modal seguro que ajuda a descongestionar outras redes, outros modais: um único comboio fluvial pode transportar o equivalente a 230 caminhões, ou quatro trens.

O transporte fluvial conecta polos econômicos estratégicos, os de Paris a Le Havre ou Bélgica e Holanda, e com o futuro projeto "Seine-Nord Europe", o de Estrasburgo à Alemanha. Penetra facilmente no coração das cidades que historicamente se construíram em torno de rios e canais.

Consegue se adaptar às necessidades das empresas e dos territórios graças às suas infraestruturas modernas e confiáveis, e a uma vasta gama de novos serviços que tornam a navegação mais fluida, reduzem as emissões de carbono e desenvolvem novas energias.

Abre muitas oportunidades tendo em vista que as hidrovias estão longe do nível de saturação, podendo receber duas a quatro vezes mais tráfego em decorrência de um investimento relativamente modesto frente à escala logística, industrial e econômica da França.

A hidrovia é resiliente. Apesar de uma situação de seca quase sem precedentes na França ter ocorrido no verão de 2022, 99% da rede de bitola larga foi mantida em condições normais de navegação.

O deslocamento logístico pelo rio é uma real oportunidade. Os benefícios são tanto ambientais quanto econômicos.

Em nome das grandes empresas que representam, acreditam eles que face à emergência climática e energética, é fundamental que tal meio de transporte, o fluvial, possa ocupar um lugar mais importante na organização econômica e logística do seu país. Estão, de fato, convencidos de seu extraordinário potencial. Sempre que possível, afirmam que na liderança de suas respectivas organizações irão à frente optar por inserir e integrar o transporte fluvial em suas cadeias logísticas e, assim, combinar todos os modos de transporte da maneira mais eficiente. Eles encorajam, fortemente, todos os atores econômicos franceses e europeus a fazerem o mesmo.

A escolha pelo rio, para eles, significa a decisão racional por uma logística sustentável, atrativa e resiliente. Entendem assim estarem a ajudar a economia francesa a enfrentar os desafios ecológicos, climáticos e energéticos que ora a desafia.

Abaixo consta então a lista de signatários liderando esse movimento institucional amplo:

1. *Thierry Guimbaud, Ceo da Voies Navigables de France.*
2. *Thierry Fournier, Ceo da Saint-Gobain França.*
3. *Benoît De Ruffray, Ceo do Grupo Eiffage.*
4. *Philippe Wahl, Ceo do Grupo Laposte.*
5. *Thierry Blandinières, Ceo do Grupo Invivo.*
6. *Marianne Laigneau, Ceo da Enedis.*
7. *Pascal Minault, Ceo da Bouygues Construction.*
8. *Sébastien Petithuguenin, Ceo da Paprec.*
9. *Jean-Pierre Clamadieu, Presidente do Grupo Engie.*
10. *Christine Cabau Woehrel, Vice-Présidente Exécutive Chargée des Actifs et des Opérations de Cma Cgm.*

Estes dez protagonistas institucionais e líderes empresariais franceses terão valiosos relatos a dar nos anos à frente sobre como evoluiu essa proposta de inovação logística. Pelo seu papel, ao encabeçar tal lista, nosso colega Thierry Guimbaud, em específico, provavelmente testemunhará mais de perto tais desdobramentos. Ele tem alertado de modo recorrente que a logística sustentável passa pela maior utilização dos rios. Também tem estado a articular alianças com os principais atores ferroviários em prol da intermodalidade, integrando as operações pelos trilhos, com a via fluvial.

Explica ele que a capacidade de carga dos modos fluviais e ferroviários confere-lhes vantagens ecológicas inegáveis, pois são mais aptos ao transporte massificado, o que faz se descongestionar as rotas rodoviárias, resultando não somente na melhoria da qualidade do ar, segurança e redução de incômodos nas regiões urbanas, mas adicionalmente na redução dos custos e na melhor aplicação das rodovias, com sua flexibilidade operacional, às cargas diferenciadas e de elevado valor. Sua principal mensagem, que a nós brasileiros, portugueses etc., serve de orientação tão bem quanto o faz aos franceses, é que as redes ferroviárias e fluviais constituem uma estrutura logística de potencial muito forte para o desenvolvimento do tráfego, desde que estas redes estejam interligadas, regeneradas e progressivamente modernizadas. As implicações para isto então são evidentes: aumentar o investimento público em infraestruturas ferroviárias e fluviais; desenvolver o transporte marítimo, ferroviário e fluvial, e até mesmo exigir que as grandes empresas usuárias, ao encontro de tal visão institucional, definam seus planos para reduzir emissões relacionadas com o transporte de mercadorias.

CAPÍTULO-08

PASSADO, PRESENTE E O DUELO INDUSTRIAL RECORRENTE.

Energia limpa, mobilidade e desenvolvimento tecnológico como escolhas de estratégia têm crescentemente ocupado nossas reflexões e nosso viés político de conduta cidadã. E deve, ao que nos parece, ser esse o caminho consciente da sociedade mundial ora trilhar.

A mistura entre o antigo e o novo, como na inovação aberta, a mesclar startups de tecnologia com empresas tecnológicas centenárias, já faz parte do cotidiano empresarial. Em desdobramento, as aquisições de startups por empresas de porte, é outra realidade, no contexto atual.

Mas a história tem também sua insubstituível importância nos processos da evolução industrial, e muitos países iniciaram suas industrializações e suas infraestruturas em tempos diferentes, com ritmos e qualificações longe de serem semelhantes

Se a evolução institucional, num sentido colaborativo, é desafiadora no próprio contexto interno de uma sociedade, quanto mais o é no conjunto geral da relação entre as nações. E na trajetória dos países hoje bem industrializados e muito tecnológicos, os registros bibliográficos nos revelam o valor que suas políticas industriais, até mesmo aquelas que foram protecionistas, tiveram para seus avanços.

Conjugar essas tradições e esses valores, do grande jogo comercial, típicos da arena industrial, com os 17 objetivos do desenvolvimento sustentável, é o novo "puzzle" sobre "nossas mesas".

CAPÍTULO-09

INOVAÇÃO, VIDA E A DIFERENCIAÇÃO NAS TRAJETÓRIAS INDIVIDUAIS E NOS LEGADOS COLETIVOS.

Como engenheiro, ao pensar em desenvolvimento regional, ou em progresso, me ocorrem perguntas, do tipo – como se "ENGENHEIRAR" o bem-viver? Como melhor fazer o que precisamos fazer, para isso – para esse bem-viver e esse progresso? Como construir coisas, coisas de valor para nós, e para os outros, ao nosso redor? Ou seja, me ocorrem essas perguntas que, em si, são perguntas desafiadoras.

Isso me faz lembrar que há alguns anos fui convidado por um amigo, coordenador educacional e didático do colégio que minha filha então estudava, a fazer uma palestra motivacional para jovens estudantes do 2º-grau de lá, prestes a ingressarem nas universidades, e falar para eles sobre minha vivência profissional na engenharia.

Logo no início da apresentação, relatei as áreas da engenharia nas quais trilhei, as escolas que eu cursei, a empresa na qual à época eu trabalhava etc., e comuniquei que se algum outro profissional que tivesse trabalhado nas mesmas áreas que eu trabalhei, e cursado as mesma escolas que eu cursei, e até mesmo trabalhado na mesma empresa que eu trabalhava, exercendo ele atividades semelhantes às minhas, se esse profissional estivesse ali no meu lugar, fazendo aquela palestra, certamente a palestra seria totalmente diferente.

E por que minha visão então, e ela agora, ainda é essa? A resposta é que cada ser humano tem uma peculiar sensibilidade para experimentar coisas, uma perspectiva pessoal de perceber a realidade, em sua mente, e um modo próprio de sentir emoções. Esses fatores influenciam em como cada um de nós dá significado e extrai conhecimento e experiências das coisas que vivemos, e faz com que aquilo que fica registrado de experiência num profissional, num ser humano, tenha uma marca muito pessoal, quase que uma "impressão digital" da sua própria trajetória.

Esta diferenciação, ela é de um valor muito especial. Isso, em si, tem um valor especial quando a pessoa manifesta, explica, conta essa história, e passa a sua mensagem de experiência de vida.

Se pensarmos nisso em termos coletivos, setoriais, como por exemplo, as trajetórias de grandes empresas petrolíferas como a CHEVRON, BP, TOTAL, SAUDI-ARAMCO, SHELL, ENI, PETROBRAS, GALP etc., e analisarmos seus detalhes, haverá interessantes constatações a fazer. A forma, velocidade e intensidade nas diversas fases da evolução de cada um desses negócios, e suas respectivas tecnologias, podem sugerir semelhanças, mas em cada uma delas há um conjunto de especificidades com muito a nos ensinar. Isso é válido também noutros setores, e um fenômeno presente na trajetória de desenvolvimento de cada região e país: se manifesta seja na sua mobilidade urbana e rural, nas configurações do seu ordenamento territorial e na urbanização das suas cidades.

CAPÍTULO-10

INOVAÇÃO DIGITAL E REGIONALIZAÇÃO DO DESENVOLVIMENTO.

O tipo de trajetória de engenharia que tive a oportunidade de vivenciar faz com que eu me sinta ainda bastante integrado em questões da indústria, da mobilidade e da energia.

Nas últimas décadas temos testemunhado uma crescente transição digital. Ela vem, cada vez mais, influenciando nossos cotidianos pessoais e profissionais. Experimentamos nessa transição um verdadeiro hibridismo na realidade ao nosso redor, entre o que são nossas demandas e ações de cunho presencial, e suas contrapartes no mundo virtual que as tecnologias digitais nos dão acesso. Não ter esse acesso, ao digital, ou tê-lo de modo muito limitado, hoje isso representa um sério problema!

Estamos trilhando um caminho de evolução tecnológica onde ocorre uma mesclagem. As tecnologias tradicionais, não digitais, continuam necessárias para atender muitas das nossas necessidades.

Nessa integração tecnológica entre o analógico e o digital diversas inovações nos foram disponibilizadas. Exemplos típicos dessa "Era do Hibridismo" são os aplicativos usados nos telefones móveis, os "celulares", como se diz no Brasil.

Continuamos por vezes necessitando fazer deslocamentos de carro, ou fazer operações bancárias etc., e agora podemos recorrer aos aplicativos para comunicar ou realizar essas demandas, solicitando neles, o transporte, operando neles, transações, como pagamentos, transferências e investimentos. E tudo isso acontece na palma da nossa mão.

Essas inovações provavelmente não pararão por aí, e me faz pensar no que há por vir que será de forte contributo nas questões amplas do desenvolvimento regional e local.

Como as inovações em si decorrem do aprendizado interativo e do acúmulo de conhecimento, esses dois aspectos apresentam interessante potencial para iniciativas com tecnologias digitais, facilitando e estimulando o desabrochar das potencialidades empreendedoras e estratégicas que cada um de nós possui para discernir e inovar nos territórios nos quais vivemos e dos quais dependemos.

CAPÍTULO-11
ATITUDE TÉCNICA, "ONTEM" E "HOJE"!

Inovar não é fenômeno recente na história da sociedade humana, ao contrário, nossa realidade atual apresenta um conjunto de funcionalidades fruto de conhecimentos e técnicas acumuladas ao longo de milênios.

A habilidade de observar, conceber e testar está latente em todos nós, embora a vida moderna, e as tantas tecnologias disponíveis, em parte induz o adormecimento, em nós, da curiosidade e engenhosidade que estiveram presentes nas inovações que "escreveram" a nossa história.

Certa ocasião eu retornava do trabalho, para casa, a refletir sobre o papel da engenharia nas nossas vidas. Na verdade, era até um pouco mais do que isso, vinha eu pensando sobre a engenharia na história, e questionava como se deu o seu advento? Ora, engenharia é uma palavra que nem sempre existiu, inexistência prévia essa que, por sinal, é válida para quaisquer outras palavras. Então, em alguma época alguém criou essa palavra – engenharia – para designar aquele conjunto de técnicas que, provavelmente, já eram exercidas com o suporte da matemática, utilizando-se de alguns esquemas, modelos e formulações, e que eram aplicadas na realização de dispositivos, aparatos, máquinas, ou na construção de obras civis e militares etc.

Em sua origem como atividade humana a engenharia é algo bem remoto. Imaginemos, por exemplo, a história da roda. Nos ocorre então a natural pergunta... afinal, quem inventou a roda? Sobre isso, à ocasião dessa minha reflexão, ou poucos dias antes, para ser preciso, eu ouvira a esse respeito interessante abordagem de um empreendedor digital, humorista e estudioso do conceito da criatividade. Argumentava ele, "a roda ninguém inventou, a manifestação do rolar já estava presente na natureza". Sua interpretação era que o ser humano primitivo observou que determinadas pedras rolavam mais facilmente que outras em consequência de seus formatos mais arredondados. E, de modo parecido, percebiam que determinados frutos arredondados também o faziam. Em algum momento algum daqueles seres humanos primitivos teve o vislumbre de percepção que aquele formato redondo, associado a uma placa plana, fosse essa de pedra ou de madeira, compondo então o que viria a ser a nossa presente roda em sua versão arcaica, teria isso para ele uma utilidade muito interessante, lhe facilitando a ação de deslocar materiais e certas coisas pesadas que ele precisava carregar de um local para outro. Ele até então fazia tais deslocamentos arrastando as coisas, e percebeu que a ação de rolar lhe era mais cômoda e menos cansativa que a de arrastar.

Nosso imaginário sobre os primórdios da engenharia não se limita ao caso da roda. Por vezes ouvi, e talvez outros aqui também assim o fizeram, a expressão "Rainha das Ferramentas"! Neste sentido popular a que me refiro, tal jargão não é aplicado à roda, e sim, à corda. E por que seria isso, por que alguns consideram a corda de modo tão prestigioso? Ora, a justificativa está na sua flexibilidade que, em decorrência dela, permite-nos aplicar a corda em variados propósitos. Seu emprego vai desde a navegação à equitação, passando sua utilidade por uma multiplicidade de funções. Ao lembrarmos das caravelas que serviram às novas rotas marítimas para o Oriente, ao descobrimento do Brasil e ao da América, imaginem quão intensamente aqueles navegadores usavam as cordas para operar suas embarcações! Lembro quando eu costumava velejar, fazendo a travessia entre Niterói e o Rio, que minhas mãos, à época, rapidamente ficaram calejadas devido ao manuseio da corda, elemento fundamental no mecanismo de condução da embarcação. Como ela, a corda, surgiu, como ocorreu sua invenção? Ora, nesse caso também podemos considerar que a corda já estava presente, tacitamente, no cotidiano dos nossos ancestrais, ao menos nas suas versões mais primitivas, na forma de cipós. Provavelmente alguns seres humanos vez ou outra se embaraçavam, involuntariamente, com seu braço ou perna numas dessas cordas primitivas presentes nos sítios pelos quais eles perambulavam coletando alimentos ou caçando. Assim, meio que por acidente foram eles percebendo que aquilo que os embaraçava poderia lhes servir de diversas maneiras, fosse para amarrar, fixar ou arrastar materiais, objetos e as demais coisas nas quais tinham interesse.

Além da corda, há outro caso a considerar, que é o da lança, outro aparato relevante na trajetória dos povos, e cuja origem provável está naqueles galhos secos e de extremidades pontiagudas que feriam àqueles que neles esbarravam. Ao se ferirem, cabe imaginar que tais pessoas vislumbraram a serventia desses galhos para se defenderem e para caçar.

Analogamente, eventuais pedras que, acidentalmente, lhes atingiram, indicavam que seriam elas, também, meios de defesa contra predadores e adversários, assim como mais um instrumento a usar quando estivessem caçando.

Naquele passado distante, as vivências e observações relativamente aos animais também suscitaram a engenhosidade humana. O homem primitivo tinha que se proteger, se defender, para não ser devorado por certos animais e, concomitantemente, ele era um caçador, um predador, que também buscava abater animais para se alimentar. A certa altura, ele concluiu que situações difíceis a que estava exposto seriam atenuadas se ele tivesse o auxílio de animais. O que o fez escolher espécies as quais não mais lhes serviriam como alimento, e sim em outras funções. Cachorros e lobos selvagens, se domesticados, ajudá-lo-iam a caçar. Touros, búfalos, cavalos e muares seriam ótimos auxílios no transporte de cargas pesadas. Até mesmo o alimento seria obtido com menor esforço, confinando algumas espécies em sítios próximos, como ovelhas e cabras, e teria ele adicionalmente o leite, desses animais, para consumir.

Portanto, diferentes técnicas já estavam presentes resultantes dessa trajetória humana, antes mesmo da matemática e ciência surgirem e evoluírem nos vários ramos que hoje conhecemos. Esses conhecimentos e habilidades paulatinamente ganharam complexidade e forma, receberam denominações científicas e tecnológicas e, depois, com ainda maior velocidade, ampliaram eles nosso domínio e controle sobre o ambiente imediato. Constatamos hoje a existência de várias especialidades de engenharia. Novas áreas continuam a surgir. Nossos jovens, ao menos uma parcela deles, ingressaram em escolas de engenharia para aprender tais especialidades.

Assim, quase todos nós a viver em condições ditas modernas, sendo engenheiros, ou não, dispomos desde a infância de diferentes aparatos e tecnologias que aprendemos e nos acostumamos a usar.

Todas essas coisas nos trazem comodidades. Tal facilidade, em contrapartida, tende a nos fazer perder aquela atitude observadora e curiosidade que estava naturalmente presente em nossos ancestrais. Estes, não dispondo dessas facilidades que hoje caracterizam nosso cotidiano, buscavam meios de as conceber para mitigar seus incômodos e superar seus desafios. Faziam isso observando os fenômenos, refletindo, concluindo e testando ideias que suas mentes concebiam. Não que isso fosse algo rápido. Um pedaço de pedra, um cipó e pedaço de madeira então combinados para formar um machado rústico, e disso evoluir para uma ferramenta eficaz na sua forma e na sua aplicação, tal evolução levou gerações e gerações.

É preciso reconhecer que o ensino formal da engenharia é algo muito estratégico e tecnicamente vital para fazer regiões e nações progredirem. Considera-se hoje uma séria vulnerabilidade ao nível nacional, um país ter baixa concentração populacional de engenheiros no conjunto de sua população. Porém, além dessa dimensão formal, nos cabe manter em mente que a gênese da engenharia reside justamente naquela curiosidade tácita para observar, interagir e experimentar as coisas do nosso mundo material. Os desafios e adversidades da própria modernidade tecnológica inserem possibilidades para novas observações, reflexões e testes. Empresas, empreendedores e técnicos encontram novos campos e problemáticas a explorar, com descobertas e surpresas a serem reveladas.

A evolução histórica de como as sociedades se empreenderam e como elas construíram aquilo que hoje manifestam contém muito dessa "atitude técnica".

CAPÍTULO-12

DESENVOLVIMENTOS TECNOLÓGICOS,
PETRÓLEO E GEOPOLÍTICA.

No período que ficou denominado como sendo
a Segunda Revolução Industrial, certos eventos e
certas tecnologias foram marcantes. Essas
tecnologias deflagraram a migração energética do
uso generalizado do carvão até então
preponderante, para o uso dos derivados do
petróleo. Essas tecnologias são chave para o
entendimento da evolução setorial nas atividades
petrolíferas.

Nessa época, os poços que existiam para a
extração de recursos minerais do subsolo eram
poços artesanais. Tais poços visavam a extração de
água e a extração do sal, o sal que estava no
subsolo. Desse modo, foi essa basicamente a

tecnologia artesanal empregada, inicialmente, para a extração do petróleo.

Aconteceram extrações de petróleo que foram involuntárias, quando aqueles colegas que estavam buscando extrair a água e o sal do subsolo tocaram por acidente em jazidas petrolíferas. O inesperado petróleo emergiu, surpreendendo-os. Isso já foi suficiente para despertar neles o interesse por esse recurso mineral e suas potencialidades.

Na época a tecnologia disponível era a da destilação, que a rigor era uma técnica há bastante tempo conhecida, mesmo que, na antiguidade, o fosse apenas de modo tácito. Quantos de nós já ouvimos ou lemos sobre os relatos dos antigos alquimistas que utilizavam, entre outras manipulações, a técnica da destilação nos seus experimentos?

Havia naquele período da Segunda Revolução Industrial químicos que dominavam explicitamente essa técnica e, entre eles, um foi especialmente contratado pelos primeiros empreendedores do petróleo, nos Estados Unidos, para realizar estudo com propósito de analisar suas características e potenciais aplicações, ou seja, verificar os subprodutos que dele poderiam ser gerados através do processo da destilação.

Existia à época significativa demanda por iluminação, tanto por iluminação pública, nas ruas, quanto por iluminação nas residências. Essa demanda era então atendida pelo óleo de baleia. Muitas baleias naquela fase da história foram sacrificadas não por demanda alimentar, e sim por demandas de iluminação.

Posteriormente, essa demanda passou a ser atendida não mais pelo óleo de baleia, e sim pelo querosene derivado da destilação do petróleo.

Outro advento inovador que então ocorreu foi o uso da eletricidade. Esta forma de energia passou a substituir a iluminação feita inicialmente com óleo de baleia e posteriormente com o querosene. Tal migração se deu pelo desenvolvimento da lâmpada de filamento por Thomas Edison, além de outros desenvolvimentos, correlatos, tais como as tecnologias da corrente contínua e corrente alternada, utilizadas na iluminação pública e noutras aplicações, assim como o desenvolvimento de dispositivos e aparatos para medição do consumo etc.

A introdução da eletricidade fez que houvesse paulatinamente uma mudança de foco no setor do petróleo que inicialmente estava voltado para a oferta do querosene iluminante. O novo mercado promissor que surgiu foi consequência da nova demanda por gasolina e, posteriormente, por óleo diesel, como consequência de outros eventos tecnológicos importantes que foram o surgimento dos motores a combustão interna do ciclo Otto e, em seguida, do ciclo Diesel.

Esses motores viriam a substituir, intensamente, as máquinas a vapor, que tiveram um papel essencial no transporte ferroviário ao propulsionar as primeiras locomotivas utilizadas no transporte público, urbano e regional, de passageiros, e aquelas utilizadas no transporte de carga.

Os motores de combustão interna, ao surgirem, fortaleceram o papel das rodovias, que passaram a atender parte da demanda por mobilidade que antes eram do domínio ferroviário.

De fato, anteriormente, na Primeira Revolução Industrial, as ferrovias tiveram um papel estratégico muito relevante nos transportes. As ferrovias foram relevantes para o desenvolvimento industrial e logístico acelerado de certas regiões e países. Inicialmente isso ocorreu na Inglaterra, em seguida se estendeu para outros países europeus, daí para os Estados Unidos e, gradativamente, para os demais continentes e regiões.

A adoção ampla dos motores de combustão interna na chamada Segunda Revolução Industrial teve um impacto estratégico intenso, geopoliticamente, nos "jogos de poder" que estavam a ocorrer no contexto global. Na Primeira Guerra Mundial, os destinos das nações e o setor do petróleo se entrelaçam estreitamente. O motor de combustão interna foi preponderante nos desfechos da Guerra e, também, nas repercussões geopolíticas, estratégica e taticamente na Segunda Guerra Mundial. Os efeitos destas tecnologias de motores permaneceram nas décadas que sucederam a esses dois grandes conflitos e estão, de certo modo, ainda presente nos nossos dias.

CAPÍTULO-13

INDUSTRIALIZAÇÃO E HOMOGENEIZAÇÃO REGIONAL.

Questões urbanas em cidades e regiões tecnológica e industrialmente bem desenvolvidas assumem contornos complexos. Tais desafios nestes contextos de certo modo tendem a ser gratificantes.

A existência local de recursos financeiros, tecnologia, engenharia e profissionais tecnicamente competentes fazem a diferença. Soluções dadas aos problemas nessas regiões e cidades geralmente se tornam referências globais.

Por que em regiões e cidades industrialmente retardatárias, as soluções, quando ocorrem, não necessariamente estarão no patamar das melhores referências globais?

Essa pergunta nos leva ao "cruzamento" (09-10-11/04-10-16) contido nos 17 objetivos de desenvolvimento sustentável da Organização das Nações Unidas. No centro desta "cruz", no objetivo de número "10", está o desafio de se reduzir as desigualdades existentes nas nossas cidades, regiões e países. Sendo a boa mobilidade urbana e regional um privilégio das sociedades que estão técnica e economicamente mais bem estruturadas, essa dimensão, aparentemente ausente nesse conjunto de objetivos sustentáveis, no objetivo de desenvolvimento sustentável de número "10", me parece que ela, nele, está implícita.

Esse binômio de reduzir a desigualdade e promover mobilidade urbana qualificada tem contornos amplos, tocando em diferentes disciplinas. Ele envolve o exercício do domínio tecnológico que, em si, muito reflete nossa geopolítica mundial. Vivemos em realidades geográficas que, embora distintas, estão entrelaçadas.

Este capítulo visa abordar com certo detalhamento essa temática do domínio tecnológico e seu reflexo, ou sua possível missão, no processo da regionalização do desenvolvimento.

Será possível uma região ou país alcançar seu desenvolvimento socioeconômico sem antes passar por um processo de industrialização? Pergunta essa que nos suscita reflexões e traz interessantes revelações.

Para alguns, na trajetória de uma sociedade, a industrialização é interpretada como um processo de sua história através do qual a indústria se torna o setor dominante de sua economia. Numa sociedade não industrializada, os instrumentos, técnicas e processos de produção são diferentes daqueles observados no novo paradigma associado ao que podemos considerar os marcos da 1ª e 2ª Revoluções Industriais, paradigma esse que, paulatinamente, acumulou maior nível de complexidade e sofisticação pelas contribuições e conquistas decorrentes da ciência e tecnologia.

A economia de base industrial difere daquela que não acolheu, de modo pleno, esse novo paradigma.

Localidades com aglomerados humanos que dinamizam economias essencialmente de base artesanal, agrária e de muito baixa intensidade tecnológica, apresentam certas atividades produtivas que lhe são características. Seus fatores de produção e, consequentemente, suas produtividades, diferem daqueles encontrados nas regiões e nos países com elevados níveis de adoção do processo de industrialização.

Transformar os fatores e modos de produção de uma região ou país, conforme distintos exemplos na história mundial recente nos mostram, é um processo social possível. Tal possibilidade não é um processo social e histórico simples. Caso fosse, não se testemunharia as disparidades que conhecemos entre países, assim como tantos contrastes regionais existentes, inclusive, internamente, nos próprios países desenvolvidos e, mais frequentes, nos países em desenvolvimento.

Imaginar um cenário hipotético no qual os níveis de intensidade e de sofisticação tecnológica na industrialização do planeta sejam regionalmente homogêneos é um exercício de visualização possível. Ao "pintar" esse quadro imaginário é provável que nos ocorram algumas considerações. Por exemplo, quais seriam os impactos ambientais associados a tal industrialização geograficamente abrangente?

Uma homogeneização planetária da nossa capacitação industrial e tecnológica poderia assumir distintas configurações competitivas, colaborativas e geopolíticas. Trata-se de um quadro imaginário com sua formatação conceitual ainda em aberto.

Que diferentes cenários poderíamos exercitar neste sentido? Creio que seriam muitos os cenários, e é provável que suas respectivas concretizações seriam decorrentes de processos coletivos, globais, de contornos bastante complexos.

Migrando deste quadro imaginário, hipotético, para a arena real, e global, há aspectos interessantes a se explorar e se cotejar.

O estudo anual realizado pela OCDE – Organização para a Cooperação e o Desenvolvimento Econômico – sobre as perspectivas de ciência, tecnologia e inovação dos seus países membros, comparando-os ao que está a ocorrer nas principais economias emergentes, implicitamente ressalta o caráter predominantemente competitivo que envolve os fenômenos do desenvolvimento socioeconômico regional e, consequentemente, a qualificação industrial de cada país.

Segundo a Organização, as tensões geopolíticas estão contribuindo para a competição estratégica em tecnologias emergentes. O sério conflito em curso desde 2022, entre Rússia e Ucrânia, embora no momento justificadamente ocupe parte relevante das preocupações da política internacional, ele não esgota o conjunto de questões geradoras dessas tensões geopolíticas. Inclusive suscita analisar se tal conflito é uma das causas ou uma das consequências deste contexto de tensões.

China e EUA, e suas agendas de interesse e poder, são componentes relevantes desta arena. Sobre outro binômio – o da "intensidade tecnológica" e "escala produtiva da indústria" – estes dois líderes e gigantes da economia mundial não parecem nos deixar margem para dúvidas: tecnologias somadas à industrialização geram poder, inclusive o poder bélico.

A OCDE nos indica com clareza o papel estratégico que a tecnologia representa nessa competição. Os países possuidores de domínio tecnológico em setores chave estão a competir no "ponto-futuro", ou seja, nas tecnologias emergentes.

O cerne das preocupações para as economias de mercado, liberais, segundo a OCDE, é a ascendência da China em tecnologias consideradas de fronteira. Isso nos traz orientação e nos indica caminhos institucionais de articulação a trilhar para as economias de países em desenvolvimento, sejam elas liberais, ou não. Que tecnologias de fronteira são essas? A vulnerabilidade futura das presentes interdependências na cadeia de suprimento é um ponto de especial atenção, como no caso dos semicondutores e de certos minerais considerados críticos, a exemplo do lítio.

A China após a Segunda Guerra Mundial não era detentora de tecnologias chave. Tal conquista chinesa transcorreu de modo gradativo, porém assertivo, ao longo da segunda metade do século XX. O que tem isso a ver com liberalismo? Muito do caminho trilhado pelos chineses teve como referências as realizações do Japão, da Coréia do Sul e, até mesmo, de Taiwan.

Hoje, a competitividade chinesa faz concorrência intensa aos países até então líderes de mercado. As tecnologias que definirão a sustentação da competitividade econômica futura e, paralelamente, serão a base da chamada – segurança das nações –, no campo bélico, tornam-se o foco, no exercício estratégico, das agendas institucionais dos países desenvolvidos.

Esse presente contexto geopolítico influi na explicitação de uma convergência entre as agendas econômicas e as de segurança nacional. O conceito de – produto mundial – baseado em tecnologia global parece ora posto em xeque neste cenário competitivo. As presentes interdependências entre países, e respectivos fluxos internacionais de tecnologia, passaram a ser considerados como modelos de produção arriscados.

O objetivo desta análise e possíveis discussões que dela se desdobram não é o da crítica aos modelos de competição e das eventuais alianças e coalizões existentes. O intuito é apenas o da constatação daquilo que, ao nível mundial, as nações líderes conseguem institucionalmente praticar.

Nessa constatação se percebe que parte das nações mais tecnologicamente industrializadas se mostra como uma real ameaça à outra parte. Recursos são crescentemente aplicados no ato de competir, e não no de colaborar.

Nesse quadro atual de cunho geopolítico tenso, com riscos que percebemos serem crescentes, reside preciosa lição para os países em desenvolvimento.

Países desenvolvidos de economias ditas liberais estão direcionando políticas para seu fortalecimento industrial interno, intensificando seus esforços em atividades científicas e tecnológicas enviesadas para o desempenho empresarial. As alianças para eles bem-vindas são aquelas entre economias afins em termos de valores institucionais compartilhados.

Ou seja, aquilo que nas últimas décadas foi prescrito para as economias em desenvolvimento, delas abrirem seus mercados internos à importação indiscriminada, e elas apostarem no protagonismo exógeno das multinacionais estrangeiras que vieram se instalar nos seus territórios, tal prescrição agora assume um caráter contraditório com a conduta de tendência autocentrada e exclusivista, em termos tecnológicos, de economias liberais já desenvolvidas. Prevalece a máxima de "faça o que eu te recomendo, mas não o que eu pratico".

O acirramento competitivo e a tensão geopolítica estão apontando aos países em desenvolvimento o insubstituível valor e função exercidos pelo domínio tecnológico e pelas políticas industriais e comerciais que o promovem e o fortalecem.

Ao observar a conclamação no âmbito mundial para o enfrentamento de certos desafios globais, é compreensível que se dê destaque ao problema da mudança climática. Os efeitos da agressão ao meio-ambiente trazem ameaça indistintamente a todos os países, sejam desenvolvidos, em desenvolvimento, ou mesmo os mais retardatários, ainda não industrializados. Por sinal estes, os países não industrializados, provavelmente são aqueles que até aqui apresentam menor responsabilidade acumulada nesses impactos globais.

Em síntese, o simples discurso da necessidade da integração crescente da economia mundial e, para isso, a pressão para abertura dos mercados etc., parece estar aquém da verdadeira conduta global ao encontro da efetiva institucionalização de práticas desenvolvimentistas não discriminatórias e não excludentes.

Para evitar excessiva simplificação em algo aparentemente tão complexo, talvez seja conveniente pensarmos na possibilidade de um balanço entre a conduta dos países desenvolvidos e a dos países em desenvolvimento. O surgimento de ações institucionais, multipolares, ao encontro do empreendedorismo sem fronteiras, seriam bem-vindas para acelerar o desenvolvimento global e mitigar, ou talvez mesmo, reverter, as desigualdades excessivas hoje existentes. Mas a solidariedade humana, individual ou coletiva, tem limites. Não estamos acostumados a praticá-la de modo intenso. Porém, a troca de valores entre indivíduos e coletividades é por nós conhecida há milênios. Que haja, portanto, assertividade das regiões e países retardatários em protagonizarem seus próprios progressos sociais, tecnológicos e industriais. Assim, terão tais regiões e países tecnologias de alto valor agregado que hoje são desejadas, quiçá cobiçadas pelos seus pares, aqueles já tecnologicamente industrializados.

CAPÍTULO-14
EMPREENDEDORISMO ESTRATÉGICO E INOVAÇÃO SISTÊMICA.

Os contrastes que testemunhamos entre países, entre regiões, cidades ou empresas no seu grau de desenvolvimento tecnológico são incontestáveis, e nestes contrastes até algumas dicotomias acontecem. Há países que avaliamos como sendo eles países ainda em desenvolvimento que apresentam certas ilhas de competência tecnológica e cultural. Tais casos indicam, assim, seu potencial para prosperar em áreas que, crescentemente, mitiguem sua condição de atraso. Há outros países que embora os percebamos como países já desenvolvidos, têm ainda alguns segmentos setoriais ou sociais que tecnológica e culturalmente estão atrasados. Nesse caso a indicação ou alerta é no sentido institucional do cuidado seja em se evitar retrocessos ou em se permitir a cristalização de desigualdades regionais.

Cada empresa, "cluster" industrial ou "hub" de inovação hoje manifesta o que é em decorrência das escolhas e ações institucionais feitas no passado. Suas trajetórias de desenvolvimento estão marcadas por decisões que foram essenciais para o nível de progresso e sofisticação que essas entidades atingiram ou, contrariamente, pelo atraso e dificuldades que ora elas estejam a sofrer.

Presentemente, tendemos a sintetizar essas questões e contrastes como sendo o estágio de exercício da inovação que está presente em empresas e países, e as respectivas consequências econômicas dele resultantes.

Para os economistas clássicos, a inovação é considerada um dos meios de obter vantagem competitiva em resposta às necessidades do mercado e às estratégias de negócio adotadas. A inovação, no nosso cotidiano, tácito, tem vários significados. Para alguns ela é uma abordagem, para outros, é um processo e, para outros ainda, ela é um resultado. Na trajetória recente da sociedade humana tivemos, em perspectiva histórica, importantes "ondas" de inovação tecnológica que configuraram muito da nossa realidade atual.

Para uma visão ampla e panorâmica do que é o fenômeno da inovação sistêmica, e aqui estamos a pensar nos casos setoriais, cabe, inicialmente, observarmos as três dimensões principais que compõem tal inovação.

A primeira dimensão se refere ao conhecimento e domínio tecnológico que estão presentes numa determinada atividade setorial. A palavra – setor –, aqui, tem uma conotação que é ampla. Ele, por exemplo, pode ser a indústria aeronáutica. Ou ele pode ser não uma indústria, mas o setor de serviços médicos e hospitalares. Ou ainda, outro caso, ser o amplo setor de serviços educacionais voltados para crianças, adolescentes e adultos, nas suas várias faixas etárias, envolvendo tanto a educação presencial quanto a educação "online", ou seja, dispondo de tecnologia e experiência para as aulas e os treinamentos ministrados à distância. Exemplos esses que, todos eles, são relevantes e cada um exerce seu papel estratégico, específico e diferenciado, no atendimento às diferentes demandas da sociedade.

A segunda dimensão é aquela referente aos atores e às redes de atores que compõem uma atividade setorial. De um setor para outro ocorrem heterogeneidades de atores e redes. Eles são as empresas e as diferentes organizações de caráter não empresarial, como universidades, agências governamentais, autoridades locais etc.

A terceira dimensão sistêmica da inovação é constituída pelas práticas institucionais que influenciam o ambiente e a dinâmica do funcionamento setorial assim como sua evolução. Instituições aqui designadas significam as regras do jogo, os valores, culturais, políticas etc., os quais são aspectos que apresentam diferenças entre setores, entre países, e diferenças entre regiões dentro de um mesmo país. Essa dimensão institucional sinaliza para nós que o fenômeno da inovação não é algo apenas técnico, mas também um fenômeno intensamente social.

Quanto ao protagonismo e conduta no exercício da inovação nos contextos pessoais, cabe analisar o papel que cada um de nós cumpre tanto em nosso contexto pessoal de vida quanto naquele do nosso trabalho. Cada um de nós pratica o ato de inovar em conexão com a função, ou missão, que respectivamente desempenha. Há níveis distintos de abrangência e de poder naquilo que constitui os nossos afazeres, de modo que daí decorrem variados escopos e abordagens na condução da inovação em nosso protagonismo, ao nível individual. Atividades e contextos coletivos apresentam maior ou menor viés inovador. Ou seja, exemplificando, um técnico manifesta, ativa e diretamente, sua capacidade de inovar num produto ou num processo industrial; outro, apenas participa indiretamente deste processo da inovação como um colaborador. Como isso ocorre? Ora, o técnico caso trabalhe numa unidade montadora de automóveis, fazendo parte de equipes de concepção e aperfeiçoamento de novos modelos de carro, ele estará atuando diretamente, ou bem próximo, do desenvolvimento da inovação; mas se o técnico trabalha numa filial dessa empresa, estando tal filial apenas encarregada de produzir, localmente, algum novo modelo já concebido e lançado pela unidade matriz, ele, o técnico, participa da introdução desse novo produto no mercado, porém seu protagonismo, nisso, embora relevante, é algo indireto. Se pensarmos num novo produto ou num novo processo da indústria de semicondutores, as oportunidades deste protagonismo inovador diferem de país para país, sendo elas maiores naqueles países já mais intensamente avançados nessa tecnologia.

Muitos são, portanto, os níveis de pilotagem existentes no exercício inovador. Se pensarmos nas funções públicas, há gestores empenhados no aprimoramento do desempenho de suas equipes que estão debruçadas em processos burocráticos ou financeiros, como aqueles das arrecadações, por exemplo, e nisso tais gestores trabalham para inserir novas tecnologias e procedimentos. Outros gestores tratam de questões algo diferentes, como desenvolver iniciativas institucionais que atraiam novas empresas, novos investimentos etc., para as suas regiões; e buscam também apoiar as empresas locais já instaladas na região para que elas aprimorem e reforcem sua capacidade competitiva, ampliem seus negócios e absorvam, crescentemente, profissionais qualificados. Outros gestores se dedicam às questões ambientais, promovendo ações institucionais no sentido, por exemplo, da introdução de carros elétricos em áreas urbanas ora expostas à intensa poluição atmosférica; ou ao estímulo do uso mais intenso pela população local do transporte público eletrificado, seja dos veículos leves sobre trilhos ou das alternativas metro ferroviárias. Tais iniciativas, distintas entre si, em seu conjunto visam realizar transformações benéficas para a sociedade.

Ao nível mais pessoal, alguém que esteja submetido a uma rotina de trabalho muito rígida e pouco inovadora em contraponto, no seu tempo livre, talvez tenha acesso a ambientes e oportunidades, por exemplo, para desenvolver ou participar de inovações de cunho social, atendendo relevantes demandas da sua comunidade.

De fato, as situações profissionais e pessoais nas quais estejamos inseridos influenciam nosso maior ou menor protagonismo em inovar.

Mas por que algumas cidades, regiões e países favorecem que seus habitantes e setores inovem mais e melhor que os habitantes e setores situados noutras geografias? A importância da trajetória histórica para a inovação sistêmica de cada região e setor é sintetizada num conceito econômico e social denominado de "dependência da trajetória trilhada". Percebemos que há nuances e complexidades no fenômeno da inovação. Schumpeter, o economista austríaco, expressou uma conceituação que parece ser, nos dias correntes, nosso principal referencial teórico. Ele caracterizou a inovação como sendo ela um ato empreendedor através da introdução de novas matérias-primas, novos produtos ou novos modos de produção, ou novas maneiras de comercializar bens e serviços, ou mesmo, a quebra de um monopólio. O conceito é introduzir no mercado algo que é novo para tal mercado. Ser novo, entretanto, não necessariamente significa ser absolutamente inédito! E aí residem oportunidades a explorar. Os exemplos são muitos, inovações introduzindo tecnologias complexas, ou apenas a introduzir ofertas de serviços úteis e surpreendentes que, essencialmente, são frutos do exercício da observação e da criatividade.

Em 2001 vivi uma experiência profissional e pessoal muito interessante e exemplificadora.

Numa manhã de quarta-feira fui avisado que dentro de dois dias eu estaria viajando à Índia, saindo do Rio de Janeiro e indo para Bombaim. O intuito era de conhecer de perto termelétricas em operação e empresas fabricantes de equipamentos elétricos. No dia do embarque a missão já ganhara uma extensão ibérica, a de conhecer também as termelétricas em operação em Portugal.

Ao chegar em Bombaim me surpreendi com algo que até então eu desconhecia, que eram os "tuk-tuks", aqueles veículos triciclos motorizados. Eram centenas deles nas ruas, parte importante da mobilidade urbana das cidades indianas.

Uma semana depois, desembarcando em Lisboa, à época nela não havia aqueles triciclos motorizados, a surpresa então foi outra, os táxis verde-pretos, em geral da marca Mercedes-Benz, propulsionados a motor diesel que, no Brasil, é um combustível essencialmente direcionado aos caminhões.

Lembro que ao retornar ao Brasil quinze dias depois, fiquei especulando a possibilidade de se adaptar e adotar aqueles triciclos motorizados em cidades como o Rio ou Niterói. E, curiosamente, alguns meses depois, caminhando pela orla de Niterói ao chegar ao Museu de Arte Contemporânea, o MAC, estacionado na sua frente havia um "tuk-tuk", como se estivesse ali, em exposição, para chamar a atenção do público. Cheguei a imaginar que estava em curso alguma iniciativa de introduzir aquele tipo de mobilidade na cidade. Mas isso, de fato, não ocorreu.

Muitos anos depois, em 2019, retornando à Lisboa, para minha surpresa, a cidade estava tomada pelos triciclos motorizados. Alguns até bem parecidos com aqueles modelos indianos que conheci em 2001. A maioria deles, porém, era diferente. Eles já eram eletrificados e com design mais adequado aos serviços turísticos. Cheguei a ouvir tais versões de triciclos elétricos serem referidas como "tuk-tuks europeus". Estes veículos compactos lá estavam, em Lisboa, subindo e descendo as ladeiras da Alfama, da Graça e da Mouraria, competindo com os famosos e tradicionais Eléctricos pela preferência dos turistas que visitavam a cidade.

Não sei como ocorreu tal inovação na mobilidade urbana lisboeta. Penso que devido ao grande número de imigrantes indianos na cidade é bem provável que a alguns deles ocorreu a ideia de empreender um negócio próprio de serviço aos turistas utilizando os triciclos motorizados que, para eles, eram comuns nas suas cidades natais.

Tratou-se, portanto, da introdução de algo que, embora não inédito, foi uma inovação bem aceita neste novo mercado. Muitos dos triciclos eletrificados, europeus, são feitos na Holanda tendo como seu principal destino, Portugal.

Ao longo dos últimos anos esse segmento está a crescer. De 2021 a 2023 testemunhei moças e rapazes brasileiros que migraram para Lisboa e adquiriram "tuk-tuks" elétricos para também explorar esse negócio. Inspirados na mesma ideia, outros empreendedores introduziram modelos de quadriciclos, veículos elétricos estilizados de modo vintage, lembrando o Ford-T, que estão competindo com os triciclos neste segmento turístico.

Esse caso dos "tuk-tuks" lisboetas voltaram a ocupar as minhas especulações ainda em 2021, quando participei de alguns eventos online sobre a mobilidade urbana em Portugal. Entre os desafios de mobilidades discutidos, havia o caso das cidades do interior que apresentam uma população dispersa em grandes extensões geográficas. A filosofia do atendimento nessas situações rurais é bem diferente daquela adotada nos modelos urbanos e mais metropolitanos, como Lisboa e Porto. Nas áreas rurais, baratear os custos da mobilidade é algo fundamental, seja através de menor consumo de combustíveis ou pela menor frequência de viagens, devendo estas, sempre que possível, serem previamente programadas.

Então me questionei que papel estratégico, nesses casos rurais, os triciclos poderiam ter? Um amplo conjunto de possibilidades ainda não exploradas então se apresentou...

Mas ao se desenhar uma estratégia, seja para adentrar um tema logístico como este da mobilidade urbana e rural, ou para tratar de um caso industrial, antes de avançar nela, é útil compreender algo sobre o chamado "tripé conceitual do exercício estratégico".

Afinal, o que seria isso?

Estratégia e competição são conceitos em geral estreitamente relacionados. A própria palavra estratégia vem ela do ambiente militar. Historicamente, ela é a arte dos generais de competir numa guerra, numa campanha, numa batalha, pela conquista da vitória. Ela, portanto, está ligada à competição. Há que se considerar, no entanto, que o termo – estratégia – deve ser entendido dentro de um tripé de significados, relacionando a estratégia ao exercício pleno e centralizado do poder numa organização. O que, a rigor, não é diferente do poder centralizado que os generais exerciam sobre suas tropas durante as campanhas.

Os escopos organizacionais são variados em abrangência, e eles estão presentes no nosso dia a dia. A família é um deles. A empresa, outro. Há o escopo do setor em que estamos trabalhando, assim como da região ou país em que vivemos. Essas são facetas do ambiente ao qual cada um de nós está exposto, individualmente, ou, coletivamente.

O tripé, então, além da estratégia, é composto por mais dois "pilares" que a complementam e a justificam. Estes pilares são – o ambiente –, o qual acabamos de explicitar, que vai da família ao país. E o outro pilar, é o da capacitação.

Este tripé – ambiente, estratégia e capacitação – nos conduz à síntese do verdadeiro pensamento estratégico.

Quando esta síntese me foi apresentada, isso para mim soou como uma valiosa revelação! Ela ocorreu nos meus estudos de mestrado na Universidade Federal Fluminense em Niterói, no Rio de Janeiro. Era o tema das aulas do mestre Pina. Ele, por sinal, era muito rigoroso em nos fazer entender e exercer essa síntese que, em si mesma, é uma simplificação do pensamento estratégico.

À época eu trabalhava no planejamento estratégico da Petrobras, então a maior empresa do Brasil. Justamente uma empresa que pelo seu viés setorial intensamente geopolítico, cenários estratégicos são lá continuamente estudados, e onde cada resultado eleitoral influencia na construção ou na desconstrução do seu arcabouço estratégico, numa verdadeira complexidade de gente, rotinas e procedimentos de suporte à condução da estratégia corporativa. Esse era o contexto profissional no qual eu estava inserido e acostumado a testemunhar. Tal síntese significa pensar segundo este tripé, no qual você toma ciência do ambiente, seja como indivíduo, empresa, região ou nação, e visualiza a ação estratégica voltada ao cenário almejado no qual se quer chegar, com as transformações pretendidas, resultados e metas a serem atingidas e daí se mobilizar a capacitação existente ou se identificar aquela ainda a construir para migrar do cenário presente para aquele planejado. Uma síntese de fato valiosa pela simplificação que oferece, pois facilita seja a atividade individual ou aquelas exercidas coletivamente.

E como seria isso, esse exercício do pensamento estratégico, na prática?

Retornando à questão dos contrastes entre países nos níveis de desenvolvimento de suas respectivas regiões e cidades, o que se pode extrair como aprendizado da observação e análise dos casos considerados de sucesso?

Na história da ciência muitos devem ter ouvido o que Sir Isaac Newton certa vez afirmou, que se ele percebeu além dos demais, é porque "se apoiou sobre ombros de gigantes". Nisso que Newton expressou há, implícito, um direcionamento de conduta investigativa, válida seja quando iniciamos jornadas tecnológicas, ou ao nos engajarmos em desafios socioeconômicos.

Ao tomar por referência recentes casos nacionais de sucesso, a intenção é apoiarmo-nos neles e, assim, percebermos mais além, sobre como poderemos promover nosso próprio desenvolvimento regional ou local onde nos caiba algum papel.

Na busca por boas referências, há alguns aspectos a serem também considerados. Num brilhante relato e explicação que em certa ocasião tive acesso, foi possível conhecer algo sobre o caso de Israel. A principal lição que então aprendi foi a de que, para tais revoluções no nosso desenvolvimento local, podemos começar aqui e agora, onde estamos, e utilizar o que estiver disponível. Entretanto, se o que estiver disponível em termos de atitude e valores institucionais, de visão de futuro, de determinação e propósitos, conhecimento, habilidades técnicas entre outros aspectos, se efetivamente tais fatores, presentes no nosso contexto, formarem um conjunto muito bom de ativos, como o foi no caso israelense, provavelmente também muito bons serão os resultados que serão atingidos.

As superações e – *"catching-ups"* – que ocorreram em décadas recentes, na segunda metade do século-XX, em países como Israel, Coréia do Sul, Finlândia e China são casos que merecem nossa atenção. Atingir padrões existentes de modernas tecnologias pode não ser um empreendimento fácil, porém os exemplos citados indicam que isso é possível. Em todos eles, faz-se necessário entender quais eram seus contextos? Que ativos humanos e técnicos tinham acumulado tais países? Quais eram os desafios institucionais e geopolíticos neles presentes? Que eventos históricos e fatos atuais em conjunto nesses casos induziram e estimularam as transformações e inovações que hoje testemunhamos e admiramos? Ou seja, quais as verdadeiras lições que devemos extrair dos exemplos de sucesso que tomamos como referência?

Embora tais casos sejam – os ombros de gigantes –, os quais, cognitivamente, tomamos como direção confiável, nossa inteligência e empreendedorismo local, aqui e agora, com os reais recursos ora disponíveis, é que constitui a chave dos resultados socioeconômicos de nossas escolhas e iniciativas.

Para ilustrar esse pensamento estratégico num caso específico e localizado, me ocorre a iniciativa da revitalização econômica da Margem Sul da Baía do Tejo. A região, situada nos municípios do outro lado do rio Tejo, bem em frente à Lisboa, após ter vivido por décadas uma intensa história de industrialização, sofreu um significativo declínio econômico decorrente da desindustrialização. Hoje se busca para lá, através de uma iniciativa institucional, atrair empresas; ação essa que é complementada por iniciativas locais dos municípios da Margem Sul diretamente interessados, visando estimular o turismo, criar postos de trabalho e melhorar a infraestrutura urbana da região. Muito esforço tem sido empenhado nesse sentido. Há, de fato, um potencial logístico, industrial e habitacional a explorar que ora se encontra, de certo modo, subutilizado.

Não cabe aqui tratar das causas do declínio que aconteceu, nem de todas as facetas envolvidas nessas iniciativas revitalizadoras, inclusive tendo em vista toda a complexidade e desafios envolvidos.

Vou explorar apenas um aspecto, um detalhe que me parece estar relativamente despercebido o qual nos servirá de referência ao nosso exercício do tripé do pensamento estratégico. E o farei numa abordagem envolvendo tanto elementos reais quanto fictícios, dando assim um pouco de "asas" à imaginação. O ponto aqui a focalizar se refere à dimensão turística, setorial, na Área Metropolitana de Lisboa (AML), o que pode causar certa estranheza a alguns, pois a maior parte de nós reconhece os setores industriais como vitais para se desenvolver cidades e regiões, conforme discutimos com certa profundidade no Capítulo-13, anterior, sobre industrialização e homogeneização regional.

Voltando nossa atenção inicialmente ao ambiente, que é o primeiro pilar, a transição entre as décadas de 2010 e 2020 apresentaram em Lisboa uma forte dinâmica turística. Além disso, mostrou reconhecido esforço para criar um ecossistema de inovação atrativo, trazendo empreendedores de várias partes do mundo para se instalarem na cidade. Assim, o novo e o tradicional passaram a se mesclar. Espaços de trabalho compartilhado, incubadoras e aceleradoras voltadas às "startups", por um lado, e as praias, gastronomia, passeios de eléctrico, "tuk-tuks", "shopping-centers", movimentos de navios, carregados, a desembarcar turistas em Alfama, o comércio intenso, o Chiado de Fernando Pessoa e sua mística poética, os pastéis de nata, a Torre de Belém, os comboios do Rossio, os de Santa Apolónia e os do Cais do Sodré para Cascais, os museus, galerias de arte etc. etc. etc.

Apenas uma visita é pouco, muito pouco, para tanto se conhecer e aproveitar!

Ocorre que tive oportunidade de conhecer e interagir com algumas dessas novidades lisboetas. Como muitos outros jovens do Brasil, a jovem de nossa casa veio de Niterói à Lisboa para estudar, pesquisar, empreender sua "startup" e desenvolver seu negócio envolvendo design, moda e sustentabilidade. E, paulatinamente, acompanhando este movimento empreendedor, tomei pé de atores, redes e iniciativas de inovação em curso: "Startup-Lisboa", "hub" Criativo Beato (hCB), "Time-Out", "LX-Factory", Invest Lisboa, beta-i, "Impact-Hub" (IH-LX), "Web-Summit" e de tantas outras que estão cada dia a brotar.

Aos poucos conheci, direta ou indiretamente, novos colegas locais dedicados a algumas dessas ações empreendedoras, a essas inovações, protagonistas exercendo diferentes funções estratégicas.

Naturalmente, tais iniciativas do lado do Tejo, referente à Lisboa, apresentaram ecos do outro lado do rio, em Almada, Seixal e Barreiro. Incubadoras de "startups" começaram a surgir também na Margem Sul. E como se diz em Portugal, o "planeamento" é amplo. Um desses novos colegas me relatou detalhes relevantes. Há grande preocupação por parte de certos gestores públicos e suas equipes técnicas sobre o futuro urbano. Nisso está em curso um processo intencional de fazer evoluir a chamada Área Metropolitana de Lisboa. E os leitores aqui podem transportar tais coisas, migrar essas ideias e iniciativas para seus próprios contextos urbanos e regionais, sejam estes em cidades brasileiras, angolanas etc.

Não somente está em foco, me disse ele, a qualificação infra estrutural de grande porte, mas também mudanças essenciais nos paradigmas das comunidades envolvidas no que toca à mobilidade, à habitação e ao comércio, segundo um conceito que foi designado de "A Cidade das Duas Margens". E nesse conceito estão embutidos os vários desafios. Devido à integração europeia, e respectiva inserção portuguesa nesse arcabouço institucional, os investimentos acessados têm trazido já muitas das melhorias inicialmente visualizadas para a qualificação dos espaços públicos desses aglomerados urbanos.

O ponto chave ou novo paradigma, desse processo, está no viés voltado para a concentração e reabilitação urbana em detrimento da sua expansão. Um efeito imediato disso, obviamente, é a preservação ambiental em torno destas cidades. Mas há outra consequência suscitada em tal política. Tal colega apontou ser crucial promover a revitalização e reanimação dos espaços já consolidados.

Visões tradicionais, acostumadas àquilo que é grandioso, são as que em geral mais nos seduzem. Há muito de real nelas, e nelas depositamos grandes esperanças. Por vezes, infelizmente, tais realizações grandiosas estão fora dos nossos controles e das nossas capacitações. Pouco poder efetivamente temos sobre elas. Nessas geografias urbanas, específicas, aqui focalizadas, tais esperanças envolvem grandes investimentos na atividade portuária, num novo e amplo aeroporto e na renovada ocupação empresarial dos antigos espaços industriais, agora ociosos, por diferentes segmentos, sejam industriais, culturais ou de serviços. São quase mil hectares a ocupar das antigas áreas industriais há décadas pertencentes ao Estado português, situadas na zona ribeirinha do Tejo.

A despeito de todas essas visões institucionais, complementares, aquelas da parte do Estado português, e aquelas das autoridades municipais destas cidades ribeirinhas, percebi que o potencial de arraste positivo, ou seja, de compartilhamento de benefícios entre a realidade turística lisboeta e a destes vizinhos, da outra margem, aparentemente está sendo pouco explorado. Digo isso especialmente quanto aos símbolos e valores culturais que ora tanto atraem visitantes à capital portuguesa. Este colega, por exemplo, chegou a explicitar a intenção dos municípios da Margem Sul em captar a atenção e interesse de ao menos 1% dos 10 milhões de turistas que anualmente visitam Lisboa, estando estes municípios cientes de que, para isso, há necessidade de ofertar aos visitantes experiências muito positivas, estimulantes e agradáveis. Assim, esforços em qualificar tais cidades, criando nelas museus, galerias, vias adequadas para os pedestres, ciclistas etc., são algumas das principais preocupações vigentes.

Qual foi, em consequência, meu exercício estratégico relativo a tal cenário?

Ele foi muito simples! Busquei apenas enfatizar, de modo praticamente literal, o conceito original institucionalmente adotado e explicitado, aquele denominado de "A Cidade das Duas Margens". A estratégia identificada, pois, que me ocorre então sugerir, é exatamente essa, a de enfatizar que

Almada, Seixal e Barreiro "somos", "todos nós", partes da mesma, e da grande, Lisboa.

Ora, sobre esses milhões de visitantes, boa parte deles visitam Lisboa para vivenciar intensamente suas características e atrações. Não seria algo fácil desviá-los desse propósito, pois suas decisões de entretenimento foram tomadas previamente. Por outro lado, se eles percebem Almada, Seixal e Barreiro como verdadeiras extensões das atrações de Lisboa, naturalmente estarão motivados a viver experiências também nestes sítios. E para tal, a logística tem, aqui, um papel fundamental. Fazer da travessia de um lado para o outro, do Tejo, em si, já uma parte relevante dessa experiência lúdica dos visitantes. A base disso, provavelmente, está na eficiência, segurança, rapidez e conforto dessa travessia. Mas vai além disso, pois sendo ela excitante, maior será a curiosidade e motivação em fazê-la, o que justifica os investimentos a serem eventualmente realizados para tal efeito promover.

Ainda nos permitindo pensar o que por ora é apenas fictício, se ao chegar do outro lado se encontrar, circulando, eléctricos típicos e "tuk-tuks", ligando os sítios turísticos, culturais e comerciais daquela margem, transitando pelas suas ruas e praças, e assim conhecer suas arquiteturas restauradas, genuinamente portuguesas, o visitante se perceberá aproveitando das delícias desta Lisboa estendida.

Este visitante verá, nesta nossa visão, que por ora é uma ficção, que há frequentes exposições de pinturas, artesanatos e esculturas; e há outras de livros antigos, obras dos poetas locais, e com destaque, no mês, para obras de Fernando Pessoa, entre outros. Ele quase se sente como a usufruir das mesmas atrações típicas lá do Chiado, na outra margem. Mas não é só isso, soube da inauguração de um novo museu dedicado à história naval que conta da participação daquela Margem Sul nas grandes expedições marítimas portuguesas. Além do que há, agora, um mercado mouro, novinho em folha, com antiguidades e pinturas de jovens talentos, tanto locais quanto estrangeiros, nômades, alguns até do Marrocos, que estabeleceram seus ateliês nesta Margem Sul. Com tantos museus, galerias, livrarias, feiras, mercados e bazares, artesanatos e eventos musicais a ele ofertado, tal visitante entenderá que uma visita, para bem aproveitar tudo isso, será muito pouco. Talvez até, da próxima vez, pense que é melhor escolher uma hospedagem desse outro lado, pois também nele há bons hotéis e boas acomodações disponíveis no aplicativo.

Essas visualizações que ensaiei acima, como esboços a caracterizar uma proposta contida nesta estratégia de "A Cidade das Duas Margens", contém as falhas naturais de percepção de um "outsider". Ao se mobilizar, por outro lado, um conjunto de pessoas criativas e bem conhecedoras da cultura e dos costumes locais, isso faria emergir outras maneiras de melhor associar as imagens entre os aglomerados urbanos das duas margens. Aquilo que escolhi foi mais direcionado para a identificação e escolhas de capacitações regionais já existentes: arte, gastronomia, tecnologia de eléctricos sobre trilhos, arquitetura portuguesa, museus, galerias, mercados, bazares, livrarias etc., configurando um conjunto de coisas muito acessíveis em termos das capacitações locais ora disponíveis.

Haveria prováveis objeções? Creio que sim, pois quem é residente ou gestor de certo município tem latente seu natural orgulho. Às vezes este até toca o bairrismo e as rixas competitivas que são comuns entre cidades e regiões. Provavelmente, ao menos a princípio, seria eu também reativo se alguém me sugerisse que niteroienses, residentes de um lado da Baía de Guanabara, deveriam copiar os símbolos cariocas emblemáticos presentes do outro lado da mesma Baía. Mas, curiosamente, em Lisboa, ao estar no Mirante da Senhora do Monte, no coração da Graça, e de lá avistar a imagem do Cristo Rei, situada no outro lado do Tejo, tanto eu quanto turistas espanhóis, franceses, italianos, alemães, holandeses etc. sentimo-nos um pouco mais próximo do Rio de Janeiro. E quando esses mesmos turistas estão lá no Rio a passear pelas ruas de Santa Teresa, e eles vislumbram aquele típico bonde elétrico, amarelo, a correr sobre os trilhos, subindo e descendo ladeiras, tal cenário os faz sentirem-se algo próximos à Lisboa. Esta mesma Lisboa, atraente e famosa, que o Barreiro, o Seixal e a Almada ajudaram a edificar ao longo dos séculos.

Diferenciações ocorrem naturalmente. Elas são estimulantes, e valiosas. Sentir saudades do Rio, por exemplo, é diferente de sentir saudades de Salvador, e vice-versa. Identificações, todavia, também têm seu especial valor. Estas, aqui sugeridas, a serem intensificadas entre Lisboa e os três Municípios da Margem Sul, representam o cerne desta estratégia hipotética que desenhei. Se trata de um mero exercício. Visa apenas ilustrar uma aplicação do tripé estratégico anteriormente analisado. Ao associar os símbolos, valores, arquitetura, dinâmica cultural etc., entre tais aglomerados, combinando-os numa "Lisboa expandida", tais identificações têm poder que penso ser ele mobilizador. O escopo de aplicação desta abordagem, inclusive, potencialmente é amplo. Talvez mesmo, encontre ela ecos mais além destes sítios aqui mencionados.

Ao visualizar-me consigo num mirante, e nele, avistando a bela vista de Lisboa e do Tejo, encerro por ora essas reflexões. Já animado para o relato de outras histórias e a pesquisa de novos casos. Afinal, empreender, em si, é a síntese da inovação. E o nosso ambiente está pleno de possibilidades.

***

www.ingramcontent.com/pod-product-compliance
Lightning Source LLC
Chambersburg PA
CBHW062334290526
45794CB00005B/2033